¿Su lengua necesita sanidad?

Ya que la muerte y la vida están en poder de la lengua, es imperativo saber cómo puede ser sanada

DEREK PRINCE

¿Su lengua necesita sanidad?
Derek Prince

©1986, 2020 por Derek Prince Ministries–International
Traducido del inglés al español. Todos los derechos reservados.

Título original en inglés: Does Your Tongue Need Healing?

A menos que se indique de otra manera, las citas bíblicas en esta
publicación son de la versión Reina-Valera 1960© Sociedades Biblicas
en América Latina.

Traducción: Nohra M. Bernal
Revisión: Norma McDonald

Impreso en Estados Unidos.

T85SP

ISBN-10: 1-89228-366-2
ISBN-13: 978-1-892283-66-5

DEREK
PRINCE
MINISTERIOS
MINISTERIOS DEREK PRINCE
PO BOX 19501
CHARLOTTE, NC 28219
WWW.MINISTERIOSDEREKPRINCE.ORG

Contenido

¿Su lengua necesita sanidad?

Capítulo 1

¿Muerte o vida?

El título de este estudio viene en forma de una pregunta: *¿Su lengua necesita sanidad?* A medida que sigamos este tema, ¡puede que se encuentre con algunas sorpresas!

Permita que comience destacando algo muy importante sobre el modo en que el Creador diseñó la cabeza humana. Cada uno de nosotros tiene **siete** aberturas en la cabeza, que es el número en la Escritura que con frecuencia denota lo completo. Tenemos tres pares de aberturas: dos ojos, dos oídos, y dos orificios nasales. Pero el Creador restringió la séptima abertura a **una**, la boca. Con frecuencia he preguntando a la gente: "¿Cuántos de ustedes desearían tener más de una boca"? Pero nunca he conocido a nadie que quisiera. La mayoría de nosotros tenemos suficiente dificultad en el uso adecuado de una sola boca. ¡Esta abertura nos causa más problemas que las otras seis juntas!

Si toma una concordancia de la Biblia y busca todas las palabras relacionadas con esa abertura, como "boca," "lengua", "labios", "conversación", "palabras", etc., se sorprenderá de lo mucho que la Biblia tiene que decir en cuanto a este tema, y es con una buena razón. No hay ninguna área en nuestra personalidad que esté más directamente relacionada con nuestro bienestar total que la boca y la lengua.

¿Muerte o vida?

En la primera sección de este estudio me gustaría compartir varios pasajes de la Escritura que hacen hincapié en la importancia vital de la boca y de la lengua. Después, en secciones posteriores, abordaré los principios que surgen de esos pasajes. En primer lugar, consideraremos el Salmos 34:

> *Venid, hijos, míos, y escúchenme, temor de Jehová os enseñaré. ¿Quién es el hombre que desea vida, Que desea muchos días para ver el bien? Guarda tu lengua del mal, Y tus labios de hablar engaño.* (Salmo 34:11–13)

La palabra inspirada de Dios ofrece enseñarnos, como hijos de Dios, el temor del Señor. Tengo una serie mensajes que destacan que no hay nada en toda la Escritura a lo que se adhiera una mayor bendición, fruto y seguridad que el temor del Señor. Por tanto, cuando la Escritura ofrece enseñarnos el temor del Señor, está ofreciendo algo de infinito valor y dignidad. Por implicación, el salmista dice aquí que *"vida"* y *"días felices"* acompañan al temor del

Señor. En la Escritura, la vida en su plenitud y el temor del Señor está siempre relacionados. La medida en la cual tengamos el temor del Señor es la medida en la que disfrutaremos de una vida verdadera.

Prácticamente hablando, ¿dónde es que comienza el temor del Señor? Está muy claro. El salmista dice: *"que refrene su lengua de hablar el mal y sus labioos de proferir engaño"*. En otras palabras, el primera área de nuestra vida en la que el temor del Señor se manifestará de manera práctica es nuestra lengua y nuestros labios. **Si podemos guardar nuestra lengua de hablar el mal y nuestros labios de hablar mentiras, entonces podemos movernos hacia la plenitud del temor del Señor.**

Entonces, el temor al Señor trae vida y días felices. El temor del Señor, vida, días felices, y el uso adecuando y el control de nuestra lengua y nuestros labios están situados juntos. No podemos realmente tener una buena vida si no controlamos nuestra lengua y nuestros labios.

Proverbios 13:3 afirma:

El que refrena su lengua protege su vida, pero el ligero de labios provoca su ruina.

Su alma es su personalidad; es el yo verdadero. Esta es el área donde la debilidad se manifestará primero y donde el enemigo obtendrá acceso primero. Si quiere usted guardar su alma, debe guardar sus labios. Pero si habla con ligeresa, provocará su ruina. Las alternativas son muy claras. Si usted controla la lengua, entonces tiene protección; pero si su lengua está fuera de control y no domina usted sus palabras, entonces el final es la ruina. Está muy claro; no hay límites borrosos.

Todo el libro entero de Proverbios está lleno de estos principios. Considere Proverbios 21:23:

El que refrena su boca y su lengua se libra de muchas angustias.

Nuevamente, la parte vital de su cuerpo que usted debe proteger es su boca y su lengua. Una vez más, las alternativas están en blanco y negro. No hay zonas grises. Si guarda su boca y su lengua, entonces protege su alma y su vida. Usted está seguro. Pero si no lo hace, la alternativa es la angustia. "Angustia" es una palabra muy fuerte y yo creo que la Biblia la usa deliberadamente. Dejar de guardar nuestros labios y nuestra lengua nos llevará finalmente a la angustia.

Hay otros dos pasajes en el libro de Proverbios concernientes al uso de la lengua que son particularmente importantes.

La lengua apacible es árbol de vida; Mas la perversidad de ella es quebrantamiento de espíritu.
(Proverbios 15:4)

Donde esta versión dice, "la lengua apacible," el hebreo dice literalmente, "la sanidad de la lengua". Esta traducción indica claramente que nuestra lengua necesita sanidad. Yo creo que la lengua de todo pecador necesita ser sanada. La lengua es el miembro donde el pecado se manifestará siempre en cada vida. Hay ciertos aspectos en los que un pecador pudiera no ofender. Pero la lengua es un miembro con el que todo pecador ofende, y debe ser sanada.

"La sanidad de la lengua es árbol de vida". Note nuevamente la estrecha relación entre la vida y el uso correcto de la lengua. La alternativa es, *"la perversidad de ella es quebrantamiento de espíritu"*. Perversidad significa "mal uso". El mal uso de la lengua es un quebrantamiento o fuga, en el espíritu.

Recuerdo una vez que estaba en un servicio donde un predicador visitante oraba por cierta persona diciendo: "Señor, llénala del Espíritu Santo".

Pero el pastor que la conocía muy bien dijo: "No, Señor; tiene una fuga".

Hay muchos que logran ser llenados y bendecidos por el Espíritu, pero se les fuga por sus lenguas. Hay que mantener las riendas ajustadas sobre la lengua si se quiere retener la bendición del Señor. Una cosa es ser bendecido; otra cosa es retener la bendición. La sanidad de la lengua es un árbol que trae vida para nosotros y para otros. Opera interna y externamente.

La muerte y la vida están en poder de la lengua, y el que la ama comerá de sus frutos. (Proverbios 18:21)

Las alternativas son siempre muy claras. Es muerte o vida. Ambas están en el poder de la lengua. Si usamos nuestra lengua adecuadamente, será un árbol de vida. Pero si usamos nuestra lengua inadecuadamente, entonces el resultado es la muerte; y de cualquier manera que la usemos, podemos estar seguros de que comeremos su fruto. Cada uno comerá el fruto de su propia lengua. Si el fruto es dulce, comeremos fruto dulce. Si es amargo, nos alimentaremos de fruto amargo. Dios lo ha ordenado de esa manera.

La lengua es el miembro decisivo. La muerte y la vida están en el poder de la lengua.

Capítulo 2

"De la abundancia del corazón habla la boca"

Nuestro tema se hará un poco más relevante mediante una ilustración. Durante la Segunda Guerra Mundial, yo fui ayudante en un hospital del Ejército Británico en África del Norte. En cierto momento, me nombraron suboficial a cargo de una pequeña estación de recepción en el desierto que atendía solamente a pacientes con disentería.

Cada mañana, el doctor bajo el que yo trabajaba me llamaba, y hacíamos un recorrido de nuestros pacientes que estaban acostados en camillas sobre la arena. Yo observaba que cada mañana el doctor siempre saludaba a cada paciente con las dos mismas frases. La primera era: "Buenos días, ¿cómo está"? La segunda era: "Muéstreme su lengua".

No pasó mucho tiempo hasta que entendí que el doctor prestaba muy poca atención a la respuesta de su pregunta, "¿Cómo está usted"? Él siempre pasaba inmediatamente a la siguiente frase: "Muéstreme su lengua". Cuando el paciente sacaba su lengua, el doctor la examinaba con mucha atención. Entonces hacía su estimación del estado del paciente, mucho más por mirar su lengua que por la respuesta que el paciente realmente daba a la pregunta: "¿Cómo está"?

Eso se me quedó grabado, y más adelante, cuando pasé al ministerio, muchas veces se me ocurrió que Dios hace algo muy similar con nosotros a lo que ese doctor hacía con sus pacientes. Puede que Dios nos pregunte "¿Cómo estás"?, y puede que nosotros le ofrezcamos una estimación de nuestro estado. Pero creo que lo siguiente que Dios dice, metafóricamente, es: "Muéstrame tu lengua". Y cuando Dios examina nuestra lengua, Él forma una propia estimación de cuál es nuestro verdadero estado espiritual. El estado de su lengua es una guía muy segura de su verdadero estado espiritual.

Ahora aplicaremos eso en la Escritura. Muchos pasajes bíblicos establecen el principio de que existe una conexión directa entre el corazón y la boca. Jesús dice en Mateo 12:

> *Si tienen un buen árbol, su fruto es bueno; si tienen un mal árbol, su fruto es malo. Al árbol se le reconoce por su fruto. Camada de víboras, ¿cómo pueden ustedes que son malos decir algo bueno? De la abundancia del corazón habla la boca. El que es bueno, de la bondad que atesora en el corazón saca el bien, pero el que es malo, de su maldad saca el mal. Pero yo les digo que en el día del juicio todos tendrán que dar cuenta de toda palabra ociosa que hayan pronunciado. Porque por tus palabras se te absolverá, y por tus palabras se te condenará.* (Mateo 12:33–37)

Jesús establece aquí la conexión directa que hay entre la boca y el corazón utilizando un lenguaje de parábola. Se refiere al corazón como el árbol y a las palabras que salen de la boca como el fruto. Y el tipo de palabras que salgan de su boca indicarán el estado de su corazón. Él dice, por ejemplo, *"El que es bueno, de la bondad que atesora en el corazón saca el bien, pero el que es malo, de su maldad saca el mal"*. Observe que Jesús usa las palabras *bueno, bondad y bien,* y de las palabras *malo, maldad y mal.* Si el corazón es bueno, entonces de la boca saldrán palabras que sean buenas; pero si el corazón es malo, entonces de la boca saldrán palabras que sean malas.

En Mateo, Jesús expresa en un lenguaje similar:

...todo árbol bueno da fruto bueno, pero el árbol malo da fruto malo. Un árbol bueno no puede dar fruto malo, y un árbol malo no puede dar fruto bueno. (Mateo 7:17–18)

La naturaleza del árbol inevitablemente determina el tipo de fruto. Por el contrario, cuando vemos el tipo de fruto sabemos la naturaleza del árbol. El árbol es el corazón y el fruto es la boca. Si el corazón es bueno, las palabras que salen de la boca serán buenas; pero si las palabras que salen de la boca son malas, sabemos que el corazón es malo. No podemos obtener fruto malo de un árbol bueno, ni tampoco fruto bueno de un árbol malo. Existe una conexión absoluta e ineludible entre el estado del corazón y el estado de la boca.

Puede que nos engañemos a nosotros mismos acerca del estado de nuestro corazón con todo tipo de ideas sobre nuestra bondad, pureza o rectitud, pero el indicador seguro e infalible es lo que sale de nuestra boca. Si lo que sale de nuestra boca es corrupto, entonces nuestro corazón es corrupción. No puede haber ninguna otra conclusión.

Yo hice trabajo educativo por cinco años en Africa oriental. Una de las tribus con que trabajé era la tribu Marigoli. Me sorprendió descubrir que la misma palabra en ese idioma significaba dos cosas: "corazón" y "voz". Yo solía preguntarme cómo decidir qué quería decir la persona. ¿Quiere decir "tu corazón" o "tu voz"? Pero cuando lo medité, comencé a ver la verdadera perspectiva en el uso de ese idioma en particular. En realidad, la voz indica el corazón. La voz dice con palabras cual es el estado del corazón. Es lo mismo que Jesús dijo: no pueden salir malas palabras de un corazón bueno, ni palabras buenas de un corazón malo.

Cuando acudimos a Dios con una estimación de nuestro propio estado espiritual, yo creo que Dios es propenso a responder de la misma manera que el doctor hacía con sus pacientes con disentería en el desierto. Podría usted decir: "Dios, soy un cristiano muy bueno. Realmente te amo y voy a la iglesia". Pero Dios dice: "Muéstrame tu lengua. Cuando haya visto tu lengua, sabré el verdadero estado de tu corazón".

Quiero ilustrar este principio tomando dos cuadros proféticos del Antiguo Testamento: el primero es de Cristo mismo, el Mesías, y el segundo es de la novia de Cristo, la iglesia. Note, en cada caso, que la característica que se enfatiza primero y sobre todo es el estado de los labios y de la boca. El Salmo 45 nos da un hermoso y profético cuadro del Mesías.

En mi corazón se agita un bello tema mientras recito mis versos ante el rey; mi lengua es como pluma de hábil escritor. [Y entonces estas son las palabras que el escritor dirige al Rey, al Mesías:] *Tú eres el más apuesto de los hombres; tus labios son fuente de elocuencia, ya que Dios te ha bendecido para siempre.* (Salmo 45:1–2)

Aquí tenemos un cuadro del Mesías en su gracia, su belleza, y su pureza moral. ¿Cuál es el primer aspecto de esa belleza que se manifiesta? Sus labios. Dice *"tus labios son fuente de elocuencia"*. Después dice, *"ya que Dios te ha bendecido para siempre"*.

Aquí se dan dos principios muy importantes. En primer lugar, la elocuencia o gracia del Mesías se manifiesta primordialmente en sus labios. En segundo lugar, Dios le ha bendecido para siempre debido a la gracia de sus labios. Cuando Jesús apareció en forma humana y fueron enviados los hombres para arrestarlo, regresaron sin Él y les preguntaron: *"¿Se puede saber por qué no lo han traído"?* La respuesta de ellos fue: *"¡Nunca nadie ha hablado como este"!* (Juan 7:45,46). La gracia que salía de sus labios le destacaba como el Mesías.

En Cantar de los Cantares hay un cuadro profético de Cristo y su novia, y la relación entre ellos. En Cantar de los Cantares 4 está dirigido a la novia:

Tus labios son cual cinta escarlata; tus palabras me tienen hechizado. Tus mejillas, tras el velo, parecen dos mitades de granadas. (Cantar de los Cantares 4:3)

La primera característica que se menciona de la novia son sus labios: *"Tus labios son cual cinta escarlata; tus palabras me tienen hechizado"*.

La palabra " escarlata" aquí indica santificación mediante la sangre de Jesús. Los labios han sido tocados por la sangre y, como resultado, la boca es agradable. Observemos que el rostro está oculto detrás de un velo, *"Tus mejillas, tras el velo, parecen dos mitades de granadas,"* pero están detrás de un velo. Aun así, se oye la voz a través del velo. Las otras bellezas están veladas, pero la belleza de la voz atraviesa el velo. La voz es lo que más se manifiesta. En el mismo capítulo del Cantar de los Cantares de Salomón, leemos:

> *Tus labios, novia mía, destilan miel; leche y miel escondes bajo la lengua. Cual fragancia del Líbano es la fragancia de tus vestidos.* (Cantar de los Cantares 4:11)

Notemos las dos palabras distintivas que se usan de la lengua de la novia, *"miel y leche"*. También son las dos características distintivas de la Tierra Prometida. La belleza de la Tierra Prometida se ve en la novia, y especialmente en su lengua y sus labios. Hay una fragancia asociada con estos hermosos labios que atraviesan el velo debido a la belleza de sus labios. Sus labios son como una cinta escarlata y su boca es encantadora.

¿Es eso cierto de usted y de mi como seguidores de Jesús? Necesitamos hacernos esa pregunta.

Capítulo 3

El cuadro bíblico de la lengua

Hasta ahora hemos considerado la relación directa que existe entre nuestro corazón y nuestra boca tal como la resumen las palabras de Jesús en Mateo 12:34: *"De la abundancia del corazón habla la boca"*. Cuando el corazón está lleno, se desborda por la boca, y ese desbordamiento revela la verdadera condición del corazón.

En el Antiguo Testamento hay retratos de Cristo y de la novia de Cristo. Para Cristo el Mesías y Su novia, la iglesia, la primera característica de la gracia de Dios y de la belleza espiritual y moral son sus labios y su conversación.

Ahora vamos a considerar un cuadro bíblico de la lengua misma. La epístola de Santiago trata con amplitud este tema. En primer lugar, consideremos algunos comentarios muy duros que hace Santiago acerca del tipo de religión que Dios acepta y también del tipo que Él no acepta. Santiago habla sobre el tipo de religión que no es aceptable para Dios.

> *Si alguien se cree religioso, pero no le pone freno a su lengua, se engaña a sí mismo, y su religión no sirve para nada.* (Santiago 1:26)

No importa cuán religiosos afirmemos ser. Puede que asistamos a la iglesia, cantemos himnos y hagamos todas las demás cosas que se espera de las personas religiosas. En sí mismas, todas estas cosas son buenas. Podemos hacer todas esas cosas, **pero si no mantenemos bajo control nuestra lengua, nuestra religión no sirve para nada y es inaceptable a Dios.** Que Dios nos otorgue que todas las personas religiosas hagan frente a este asunto.

Por otra parte, Santiago habla del tipo de religión que Dios acepta. Nuevamente, es diferente a la práctica de la persona promedio que asiste a la iglesia hoy.

La religión pura y sin mancha delante de Dios nuestro Padre es esta: atender a los huérfanos y a las viudas en sus aflicciones, y conservarse limpio de la corrupción del mundo. (Santiago 1:27)

El primer requisito positivo de la religión pura no es asistir a la iglesia, ni siquiera la lectura de la Biblia. Es cuidar y demostrar amor práctico a quienes tienen necesidad, principalmente huérfanos y las viudas.

Permítame sugerir que si es usted religioso de alguna manera, tome tiempo para mirarse en este espejo de la Palabra de Dios que se encuentra en Santiago 1:26–27. Si no controla su lengua, su religión no sirve para nada. Si quiere tener una religión que sea aceptada por Dios, debe demostrarse, primeramente y sobre todo, en ocuparse de quienes tienen necesidad: los huérfanos y las viudas.

Pienso otra vez en el doctor en el desierto cuando preguntaba a sus pacientes cómo se sentían. Él realmente no estaba muy interesado en la respuesta, porque lo siguiente que siempre decía era: "Muéstreme su lengua".

Eso es en realidad lo que dice Santiago está diciendo en estos dos versículos. Si quiere usted impresionar a Dios con su religión, lo primero que Él le dirá es: "Muéstrame tu lengua". Él va a juzgar por la lengua de usted si su religión es válida y aceptable o no.

Santiago utiliza varias imágenes para ilustrar la función de la lengua en nuestras vidas. Primero Santiago 3 dice:

Todos fallamos mucho. Si alguien nunca falla en lo que dice, es una persona perfecta, capaz también de controlar todo su cuerpo. (Santiago 3:2)

Santiago está diciendo que si puedes controlar su lengua, puede controlar toda su vida. Es usted un hombre perfecto si puede controlar su lengua. Entonces, recordando este pasaje, pasa a dar algunas ilustraciones extraídas del mundo natural. Santiago 3 continúa:

Cuando ponemos freno en la boca de los caballos para que nos obedezcan, podemos controlar todo el animal. Fíjense también en los barcos. A pesar de ser tan grandes y de ser impulsados por fuertes vientos, se gobiernan por un pequeño timón a voluntad del piloto. Así también la lengua es un miembro muy pequeño del cuerpo, pero hace alarde de grandes hazañas. ¡Imagínense qué gran bosque se incendia con tan pequeña chispa! También la lengua es un fuego, un mundo de maldad. Siendo uno de nuestros órganos, contamina todo el cuerpo y, encendida por el infierno, prende a su vez fuego a todo el curso de la vida. El ser humano sabe domar y, en efecto, ha domado toda clase de fieras, de aves, de reptiles y de bestias marinas; pero nadie puede domar la lengua. Es un mal irrefrenable, lleno de veneno mortal. (Santiago 3:3-8)

Santiago está sacando a la luz el significado e influencia único de la lengua para todo el curso de nuestra vida. El primer ejemplo que utiliza es el freno en la boca del caballo. Dice: "Cuando ponemos freno en la boca de los caballos para que nos obedezcan, podemos controlar todo el animal".

El caballo, en la Biblia, es normalmente un tipo de la fuerza física. Santiago está diciendo que a pesar de lo fuerte que sea un caballo, si podemos controlar su boca con el freno, podemos controlar todo el animal. La fuerza del caballo es llevada a sujeción mediante el control de su boca. Lo mismo es cierto de nosotros. Lo que controla nuestra boca controla el curso de nuestra vida.

El siguiente ejemplo quizá sea un poco más gráfico. Él compara la lengua con el timón de un barco. Un barco puede ser una estructura inmensa, pero ser llevado de un lado a otro por las fuerzas tremendamente potentes de los vientos y de las olas. Sin embargo, en ese barco hay sólo una pequeña parte decisiva: el timón. El uso del timón es lo que determina todo el curso del barco. Si el timón se utiliza adecuadamente, el barco llegará seguro a puerto. Si el timón no se utiliza adecuadamente, es probable que el barco sufra un naufragio.

Santiago dice que es lo mismo en nuestra vida. La lengua es el timón. Nuestra lengua controla el curso de nuestra vida. Si el timón de nuestra lengua se usa adecuadamente, llegaremos seguros a nuestro destino. Pero si nuestra lengua no se usa adecuadamente, naufragaremos.

Santiago también da el ejemplo de una pequeña chispa que puede comenzar un incendio en el bosque. Cada año en los Estados Unidos se provocan miles de millones de dólares en daños ocasionados por incendios forestales, y normalmente comienzan precisamente del modo que dice Santiago: con una pequeña chispa. El Departamento Forestal de los Estados Unidos tiene un cartel muy gráfico que dice, "Sólo **usted** puede impedir el incendio de los bosques".

Eso también es cierto en el reino espiritual. La lengua es semejante a una pequeña chispa que puede causar un incendio forestal de vastas proporcione, causando miles de millones de dólares en daños. Muchas iglesias y grupos religiosos ya no existen debido a que una lengua encendió una chispa que quemó todo, y no pudo ser restaurado.

El último ejemplo que utiliza Santiago es el de una fuente de veneno mortal. Él dice que la lengua es como un elemento mortal que puede envenenarnos extendiendo infección por todo el sistema de nuestra vida.

Considere de nuevo estos ejemplos: el freno en la boca del caballo, el timón en el barco, la chispa que comienza un incendio forestal, y un veneno que es inyectado en el flujo sanguíneo de la vida. El principio que subyace en cada una de estas ilustraciones es el mismo: la lengua es una pequeña parte del cuerpo, pero puede causar un daño inestimable que nunca se arregla.

Santiago pasa a destacar, una vez más, las incoherencias de las personas religiosas:

> *Con la lengua bendecimos a nuestro Señor y Padre, y con ella maldecimos a las personas, creadas a imagen de Dios. De una misma boca salen bendición y maldición. Hermanos míos, esto no debe ser así. ¿Puede acaso brotar de una misma fuente agua dulce y agua salada? Hermanos míos, ¿acaso puede dar aceitunas una higuera o higos una vid? Pues tampoco una fuente de agua salada puede dar agua dulce.* (Santiago 3:9–12)

Santiago está diciendo exactamente lo mismo que dijo Jesús. Si el árbol es bueno, el fruto será bueno. Si tiene una higuera en su corazón, dará higos por su boca. Pero si tiene una vid en su corazón, nunca dará higos de su boca. Lo que sale de su boca indica lo que está en su corazón.

Es lo mismo, dijo él, con el flujo de agua. Si el agua que sale de su boca es dulce, entonces la fuente que está en su corazón es dulce. Pero si el agua que sale de su boca es salada y amarga, entonces la fuente de su corazón es salada y amarga. Por tanto, lo que sale de la boca indica el verdadero estado del corazón.

¿Su lengua necesita sanidad?

Capítulo 4

Las palabras determinan el destino

La esencia de las diferentes imágenes que Santiago utiliza para ilustrar la función de la lengua en nuestra vidas es la misma: la lengua es algo pequeño en sí mismo pero capaz de causar un daño incalculables si no se controla. De las cuatro imágenes particulares a que me referí (el freno en la boca del caballo, el timón en el barco, una chispa que comienza un incendio forestal, y una fuente de veneno que corrompe toda la corriente de la vida), la que mejor ilustra el tremendo potencial de la lengua es la del timón en el barco.

El timón es visualmente sólo una pequeña parte del barco que está bajo la superficie. No se ve cuando el barco navega sobre la superficie del agua. Sin embargo, esa parte pequeña, que normalmente no es visible para el ojo, determina la dirección del barco. Si el timón se usa correctamente, el barco navegará sin riesgo a su puerto de destino. Pero si se usa mal, es casi seguro que naufragará. El timón determina el curso y el destino total de la nave.

La Biblia dice que la lengua es así en nuestro cuerpo. Cuando vemos a la gente en su condición externa, normalmente ni siquiera vemos sus lenguas; sin embargo, ese pequeño miembro que pasa desapercibido es como el timón de un barco. El uso de la lengua determina el curso de la vida de la persona. Determina su destino.

Para continuar nuestro estudio, consideraremos un ejemplo en la historia de Israel que hace entender esta lección con una claridad ineludible. La lección a aprender es esta: **las personas determinan sus propios destinos por la manera en que usan su lengua.**

El incidente que vamos a ver se encuentra en el libro de Números, capítulos 13 y 14. Los israelitas habían salido de Egipto y estaban en camino a la tierra prometida. Dios le indicó a Moisés que enviara doce hombres delante de ellos a reconocer la tierra: para descubrir su carácter general, la naturaleza de los habitantes, el tipo de ciudades, el tipo de fruto, y que regresaran con un informe. Se eligió un líder de cada una de las doce tribus para que entraran en la tierra. Estos pasaron cuarenta días explorando la tierra y entonces regresaron con su informe. El siguiente es el informe que ellos dieron:

> *Y anduvieron* [los doce espías] *Y anduvieron* [los doce espías] *y vinieron a Moisés, y a Aarón, y a toda la congregación de los hijos de Israel, en el desierto de Parán, en Cades, y dieron la información a ellos y a*

toda la congregación, y les mostraron el fruto de la tierra. Y les contaron, diciendo: Nosotros, llegamos a la tierra a la cual nos enviaste, la que ciertamente fluye leche y miel; y este es el fruto de ella. [El fruto era tan pesado que se necesitaron dos hombres para llevar un racimo de uvas en una vara. Pero esto es lo que dijeron después.] *Mas el pueblo que habita aquella tierra es fuerte, y las ciudades muy grandes y fortificadas; y también vimos allí a los hijos de Anac* [los gigantes]. (Números 13:26–28, RVR)

Cuando Dios le da una promesa, ¿la acepta usted por su valor aparente, o para decir después *"pero"*? Esa fue una palabra fatal que hizo que todo el pueblo se perturbara y desconsolara.

Dos de los espías, Caleb y Josué, se negaron a apoyar esta actitud negativa. Más adelante leemos esto:

Entonces Caleb hizo callar al pueblo delante de Moisés, y dijo: Subamos luego, y tomemos posesión de ella; porque más podremos nosotros que ellos. Mas los varones que subieron con él dijeron: No podremos subir contra aquel pueblo, porque es más fuerte que nosotros. (Números 13:30–31, RVR)

Notemos las palabras que utilizaron. Caleb dijo: *"Más podremos nosotros que ellos"*. Los otros diez espías dijeron: "No podremos". Una parte de los espías habló lo positivo: "Más podremos nosotros". La otra parte habló lo negativo:

"No podremos". Conforme se sigue la historia, se verá que cada grupo obtuvo exactamente lo que dijeron. El destino de cada grupo se determinó por sus palabras.

> *Entonces Jehová dijo: Yo lo he perdonado conforme a tu dicho. Mas tan ciertamente como vivo yo, y mi gloria llena toda la tierra, todos los que vieron mi gloria y mis señales que he hecho en Egipto y en el desierto, y me han tentado ya diez veces, y no han oído mi voz, no verán la tierra de la cual juré a sus padres; no, ninguno de los que me han irritado la verá. Pero mi siervo Caleb, por cuanto hubo en él otro espíritu, y decidió ir en pos de mí, yo le meteré en la tierra donde entró, y su descendencia la tendrá en posesión.* (Números 14:20–24, RVR)

Por su confesión positiva, Caleb estableció su destino de manera positiva.

La historia continúa:

> *Y Jehová habló a Moisés y Aarón, diciendo: ¿Hasta cuándo oiré esta depravada multitud que murmura contra mí, las querellas de los hijos de Israel, que de mí se quejan? Diles: Vivo yo, dice Jehová, que según habéis hablado a mis oídos, así haré yo con vosotros. En este desierto caerán vuestros cuerpos; todo el número de los que fueron contados de entre vosotros, de veinte años arriba, los cuales han murmurado contra mí. Vosotros a la verdad no entraréis*

en la tierra, por la cual alcé mi mano y juré que os haría habitar en ella; exceptuando a Caleb hijo de Jefone, y a Josué hijo de Nun. Pero a vuestros niños, de los cuales dijisteis que serían por presa, yo los introduciré, y ellos conocerán la tierra que vosotros despreciasteis. En cuanto a vosotros, vuestros cuerpos caerán en el desierto. (Números 14:26–32, RVR)

Notemos las palabras: *"según habéis hablado en mis oídos, así haré yo con vosotros"*. Dios está diciendo en efecto: "Ustedes han determinado con las palabras que han hablado lo que haré con ustedes".

Y los varones que Moisés envió a reconocer la tierra, y que al volver habían hecho murmurar contra él a toda la congregación, desacreditando aquel país, aquellos varones que habían hablado mal de la tierra, murieron de plaga delante de Jehová. [Ellos establecieron su propia muerte. Hablaron palabras de muerte, y la muerte fue el resultado.] *Pero Josué hijo de Nun y Caleb hijo de Jefone quedaron con vida, de entre aquellos hombres que habían ido a reconocer la tierra.* (Números 14:36–38, RVR)

La muerte y la vida están en el poder de la lengua. ¿Con cuánta más claridad se podrá ilustrar esto? Los hombres que hablaron negativamente se prepararon para la muerte. Los que hablaron positivamente recibieron vida. Ellos establecieron su propio destino por la manera en que hablaron. Los que dijeron: "No podremos", **no pudieron**. Los que dijeron: "Más podremos", **pudieron**.

En el Nuevo Testamento, nuestra experiencia como cristianos se compara directamente con la de Israel en el Antiguo Testamento. Se nos advierte que las mismas lecciones se aplican a nosotros. En Hebreos leemos:

Cuidémonos, por tanto, no sea que, aunque la promesa de entrar en su reposo sigue vigente, alguno de ustedes parezca quedarse atrás. Porque a nosotros, lo mismo que a ellos, se nos ha anunciado la buena noticia; pero el mensaje que escucharon no les sirvió de nada, porque no se unieron en la fe a los que habían prestado atención a ese mensaje. (Hebreos 4:1–2)

La misma promesa que Dios dio a Israel todavía permanece para nosotros, la promesa de entrar en el reposo de Dios, pero debemos tener cuidado de no quedarnos cortos de la misma manera que lo hicieron ellos en el Antiguo Testamento. Su problema fue que oyeron el mensaje, una promesa de Dios, pero le agregaron esa palabra mortal *"pero"*. En vez de concentrarse en la promesa de Dios y confiadamente confesar su fe en la promesa y el poder de Dios, se concentraron en lo negativo. Se fijaron en los gigantes y las ciudades amuralladas y dijeron: "No podremos". Gracias a Dios por dos hombres que tuvieron la fe y el valor de decir: *"Nosotros sí podemos"*.

Cuando encare la promesa de Dios con respecto a cierta situación en particular, ¿qué hará con su lengua? ¿Dará asentimiento a la promesa de Dios? ¿Se identificará con la promesa de Dios y dirá: "Dios lo dijo: yo puedo"? ¿O será uno de esos que dijeron?: "Pero mira todos los problemas. Dios lo dijo, mas de algún modo no me siento capaz". Recuerde, así como esos espías establecieron su destino con su lengua por las palabras que hablaron, la misma lección se aplica a quienquiera que haya oído el evangelio. Nosotros establecemos igualmente nuestro destino por las palabras que hablamos.

Diez de los espías se enfocaron en los problemas, no en las promesas. Dos de ellos, Josué y Caleb, se enfocaron las promesas, no en los problemas. Josué y Caleb dijeron: *"Más podremos nosotros"*. Los otros espías dijeron: *"No podemos"*. Cada cual obtuvo exactamente lo que dijo. Todos establecieron su propio destino por la manera en que usaron su lengua.

¿Su lengua necesita sanidad?

Capítulo 5

Enfermedades de la lengua

Hemos estudiado un ejemplo del Antiguo Testamento que ilustra la manera como *"la muerte y la vida están en el poder de la lengua"*. (Proverbios 18:21, RVR) Aprendimos que el uso correcto de la lengua impartirá vida, y, a la inversa, el uso equivocado impartirá muerte.

Ahora consideraremos ciertas enfermedades específicas que afectan a nuestra lengua. Estas seis enfermedades que comúnmente infectan nuestras vidas por medio del mal uso de nuestra lengua pueden, en algunos casos, ser fatales si no se frenan.

Enfermedad número uno:

Hablar en exceso

Esta enfermedad es tan común que la gente la acepta como normal cuando no lo es.

El que mucho habla, mucho yerra; el que es sabio refrena su lengua. (Proverbios 10:19)

La versión de la Biblia de las Américas del mismo versículo dice:

En las muchas palabras la transgresión es inevitable, mas el que refrena sus labios es prudente.

En otras palabras, si habla demasiado, está destinado a decir algo erróneo. No hay alternativa.

También se nos advierte en la Biblia que no utilicemos demasiadas palabras hacia Dios mismo. Esta es una advertencia que la mayoría de nosotros realmente necesitamos oír. Esta admonición se encuentra en Eclesiastés 5:

Cuando vayas a la casa de Dios, cuida tus pasos y acércate a escuchar en vez de ofrecer sacrificio de necios, que ni conciencia tienen de que hacen mal. No te apresures, ni con la boca ni con la mente, a proferir ante Dios palabra alguna; él está en el cielo y tú estás en la tierra. Mide, pues, tus palabras. (Eclesiastés 5:1-2)

Alguien me dijo una vez: "Recuerda: tanto pecado es **cantar** una mentira como **decir** una mentira". He oído a personas cantar himnos de entrega y consagración total a Dios, tal como: "Todo a Cristo, yo me rindo"; después, cuando llega el plato de la ofrenda, ponen una moneda. Las dos acciones no son coherentes. Si usted no va a entregar su vida a Dios, no le diga que lo rinde todo, porque Dios le va a exigir que le dé cuentas de las palabras que usted habla (o canta) en su presencia.

Un poco más adelante en el mismo capítulo, la Escritura indica que un ángel escribe lo que decimos cuando hablamos, oramos y adoramos. Un día seremos confrontados por ese ángel con el registro de lo que hemos dicho. Entonces, la Biblia dice que será demasiado tarde para decir: "Realmente no lo decía de veras", porque se nos pedirá responsabilidad de lo que hayamos dicho, cantado u orado. Un día esas palabras van a ser presentadas ante nosotros, y tendremos que responder por ellas si no hemos sido sinceros y realmente no hemos vivido según lo que hemos dicho.

El siguiente versículo de Eclesiastés 5:3 continúa:

Quien mucho se preocupa tiene pesadillas, y quien mucho habla dice tonterías. (Eclesiastés 5:3)

Usar muchas palabras es lo que marca al necio. La versión Reina-Valera es aún más directa:

Porque de la mucha ocupación viene el sueño, y de la multitud de las palabras la voz del necio. (RVR)

Cuando oímos a una persona hablar continuamente, no necesitamos ninguna otra evidencia: esa persona es necia. *"De la multitud de las palabras la voz del necio".* ¿Cuál es la raíz del problema? Yo creo que es la intranquilidad. Compare lo que dice Santiago:

Pero nadie puede domar la lengua. Es un mal ir-
refrenable, lleno de veneno mortal. (Santiago 3:8)

Las personas que siempre están hablando son gente inquieta, y nuestra cultura contemporánea está llena de ellas. ¿Conoce usted a alguien que lo marea con el chorro de palabras que salen de su boca? ¿Cuál es la raíz del problema? La desazón. El exceso de hablar es un indicio seguro de alguien cuyo corazón no está tranquilo.

Enfermedad número dos:
Palabras ociosas o negligentes

Jesús dice esto en Mateo 12:36:

Pero yo les digo que en el día del juicio todos tendrán
que dar cuenta de toda palabra ociosa que hayan
pronunciado. (Mateo 12:36)

Un día vamos a tener que responder por cada palabra que hemos hablado. Responderemos por palabras ociosas, insinceras, que realmente no queríamos decir, que no estábamos preparados para respaldarlas, o que no funcionaron en nuestra vida.

En el Sermón del Monte, registrado en Mateo, Jesús dice:

Cuando ustedes digan "sí", que sea realmente sí; y,
cuando digan "no", que sea no. Cualquier cosa de
más, proviene del maligno. (Mateo 5:37)

Esa es una afirmación sorprendente. Si decimos más de lo que realmente queremos decir, entonces la exageración (énfasis innecesario) en nuestra conversación proviene del maligno.

Permítame resumirlo en una sencilla frase como consejo. *Si no lo dice de veras, no lo diga.* Si usted sigue esa regla sencilla, yo le prometo que cambiará su vida entera. Será una persona diferente. Si usted guarda esa regla por un año, le prometo que de aquí a un año usted será diferente y una persona mucho mejor.

Enfermedad número tres:
Murmuración

No andes difundiendo calumnias entre tu pueblo. (Levítico 19:16)

Andar difundiendo calumnias; palabras ociosas, exageradas, maliciosas; es murmuración. El mismo título de Satanás en el Nuevo Testamento, la palabra traducida "diablo", significa "calumniador" en griego. Esa es la raíz del significado y la descripción principal de Satanás en la Biblia. Si usted murmura, en realidad está haciendo la obra del diablo por él; se convierte en un representante de Satanás. No sólo debemos tener cuidado de no murmurar, sino que también tenemos la responsabilidad de no recibir la murmuración.

Los chismes son deliciosos manjares; penetran hasta lo más íntimo del ser. (Proverbios 18:8, NVI)

Qué cierto es eso de la naturaleza humana. Cuando oímos algo acerca de alguien que es malo o le muestra bajo un mal ángulo, algo en el corazón humano se regocija. *"Los chismes son deliciosos manjares"*. Tenga cuidado cuando uno de esos deliciosos manjares es situado delante de usted, para no tragárselo. Están envenenados. Su sabor es dulce pero envenenan. Y cuando los recibimos en nuestro corazón, nuestra vida queda envenenada por esos manjares de la murmuración.

El chismoso traiciona la confianza; no te juntes con la gente que habla de más. (Proverbios 20:19)

Vea cuán estrechamente se relacionan estas diversas enfermedades. Si usted escucha una murmuración, se convierte en "cómplice encubridor". Si recibe a alguien que ha robado algo y acepta esas cosas robadas, entonces en términos legales usted se convierte en cómplice y encubridor del delito. De manera que quien recibe un chisme y presta atención a sus palabras, se convierte en un cómplice y encubridor del chisme. Así dice Dios:

¿Quién, Señor, puede habitar en tu santuario? ¿Quién puede vivir en tu santo monte? Solo el de conducta intachable, que practica la justicia y de corazón dice la verdad; que no calumnia con la lengua, que no le hace mal a su prójimo ni le acarrea desgracias a su vecino. (Salmo 15:1-3)

Hay varios requisitos para entrar en la presencia de Dios, a fin de *"vivir en tu santo monte"*. Debemos andar en integridad; debemos hacer justicia; debemos hablar la verdad en nuestros corazones.

Entonces se enumeran tres cosas que no debemos hacer. No debemos calumniar con nuestra lengua, ni debemos causar desgracia a nuestro vecino. Tampoco debemos aceptar reproche, o recibir un reproche, contra nuestros vecinos.

No es suficiente no caluminar; no debemos recibir a quien calumnia. No debemos aceptar reproche contra alguien que conocemos. No debemos comer esos deliciosos manjares de la murmuración porque son veneno, y muchas relaciones son envenenadas al comerlos.

Enfermedad número cuatro:

Mentir

Necesitamos tener cuidado y utilizar la palabra correcta para describir esta enfermedad de la lengua. Alguien ha usado la frase, "evang-**e-l-á-s-t-i-c**-amente hablando". El evangelista ve a 200 personas pasar al frente en su cruzada, y cuando el informe está en su carta de oración, ya son 500. ¿Qué es eso, exageración o mentira? Realmente es mentira. No digo esto para ser crítico de nadie. Es importante que cada uno de nosotros tenga mucho cuidado de no ser hallado culpable de mentir.

En Proverbios 6:16-19, el escritor habla de siete cosas que el Señor aborrece. Aborrecer es una palabra muy fuerte. Esto es lo que dice:

Hay seis cosas que el Señor aborrece, y siete que le son detestables: los ojos que se enaltecen, la lengua que miente, las manos que derraman sangre inocente, el corazón que hace planes perversos, los pies que corren a hacer lo malo, el falso testigo que esparce mentiras, y el que siembra discordia entre hermanos. (Proverbios 6:16-19)

De esas siete cosas específicas que aborrece el Señor, hay tres que son relativas a la lengua: la primera, *"la lengua que miente"*; la segunda, *"el falso testigo"* (es evidente que afecta la lengua también); la tercera, *"el que siembra discordia entre hermanos"* (y normalmente la manera de sembrar esa discordia es por medio de palabras). Por tanto, de las siete cosas que el Señor aborrece, hay tres que afectan la lengua, y de esas tres, dos se relacionan específicamente con la mentira. Esto vuelve a afirmarse en Proverbios 12:

El SEÑOR aborrece a los de labios mentirosos, pero se complace en los que actúan con lealtad. (Proverbios 12:22)

En este versículo tenemos dos pensamientos opuestos. Tenemos la palabra "aborrece" y la palabra "se complace". *"El SEÑOR aborrece a los de labios mentirosos,…se complace en los que actúan con lealtad".* No hay nada entremedias.

Después tenemos los otros dos pensamientos opuestos, "mentirosos" y "leales". Si no es leal, es una mentira. Si es una mentira, el Señor la aborrece. Si es leal, el Señor se complace en ello.

Nuestro problema es que tenemos muchas áreas grises en nuestra manera de pensar. Pero yo dudo que esas áreas grises se encuentren en la Escritura. Si vamos hasta su origen, toda mentira viene del diablo. Esta es una idea que asusta, pero la respaldaré con las palabras de Jesús mismo. Hablando a los líderes religiosos de su época (y tengamos en mente que ellos eran personas muy religiosas), Jesús dijo:

Ustedes son de su padre, el diablo, cuyos deseos quieren cumplir. Desde el principio este ha sido un asesino, y no se mantiene en la verdad, porque no hay verdad en él. Cuando miente, expresa su propia naturaleza, porque es un mentiroso. ¡Es el padre de la mentira! (Juan 8:44)

Cada vez que una mentira pasa por nuestros labios, viene del diablo.

Una realidad muy importante y más espantosa acerca de la enfermedad de la mentira es que a menos que la enfermedad sea detenida y sanada, es fatal.

Pero los cobardes, los incrédulos, los abominables, los asesinos, los que cometen inmoralidades sexuales, los que practican artes mágicas, los idólatras y todos los mentirosos recibirán como herencia el

lago de fuego y azufre. Esta es la segunda muerte.
(Apocalipsis 21:8)

Notemos los grupos de personas: *"los cobardes, los incrédulos, los abominables, los asesinos, los que cometen inmoralidades sexuales, los que practican artes mágicas, los idólatras y todos los mentirosos"*. Esa enfermedad es incurable. No hay manera de escapar: *"recibirán como herencia el lago de fuego y azufre"*. Cuando una persona es enviada a la segunda muerte, es definitivo. Repito lo que he dicho: a menos que esta enfermedad de la mentira sea detenida y sanada, ¡es seguro que es fatal!

Apocalipsis 22 habla de la ciudad de Dios:

Pero afuera se quedarán los perros, los que practican las artes mágicas, los que cometen inmoralidades sexuales, los asesinos, los idólatras y todos los que aman y practican la mentira. (Apocalipsis 22:15)

Por tanto, cada uno de nosotros debe decidir: ¿Estoy dispuesto a ser sanado de esta enfermedad de la mentira o estoy preparado de perder mi alma para siempre? A menos que sea detenida y sanada, la enfermedad de la mentira es definitivamente fatal.

Enfermedad número cinco:
Lisonjas

Sálvanos, SEÑOR, que ya no hay gente fiel; ya no queda gente sincera en este mundo. No hacen sino mentirse unos a otros; sus labios lisonjeros hablan con doblez. El SEÑOR cortará todo labio lisonjero y toda lengua jactanciosa. (Salmo 12:1-3)

En este pasaje David habla de un estado de declinación moral de la raza humana. Yo creo que es parecido a lo que vemos a nuestro alrededor hoy. Es difícil encontrar personas fieles. Los fieles han desaparecido. ¿Cuál es el resultado? *"No hacen sino mentirse unos a otros; sus labios lisonjeros hablan con doblez".* Un juicio de Dios es pronunciado por la Escritura sobre estos labios lisonjeros: *"El Señor cortará todo labio lisonjero y toda lengua jactanciosa".*

En Proverbios 26 se nos advierte:

La lengua mentirosa odia a sus víctimas; la boca lisonjera lleva a la ruina. (Proverbios 26:28)

Si escuchamos y recibimos la lisonja, o si nosotros somos lisonjeros, el fin es la ruina.

El que adula a su prójimo le tiende una trampa. (Proverbios 29:5)

Después de muchos años en el ministerio, he aprendido por experiencia práctica que eso es cierto. Hay gente que hablará palabras aduladoras, pero no son sinceras. Hay otra motivación detrás de todas ellas. Y muchas veces, si no hubiera sido por la gracia de Dios, mis pies hubieran sido atrapados en esa red de adulación. Hubiera sido llevado a algún compromiso o relación que estaban fuera de la voluntad de Dios. Así que tenga eso presente: *"la boca lisonjera lleva a la ruina"* y *"El que adula a su prójimo le tiende una trampa".*

Enfermedad número seis:
Hablar precipitadamente

¿Te has fijado en los que hablan sin pensar? ¡Más se puede esperar de un necio que de gente así! (Proverbios 29:20)

Este versículo dice que si somos apresurados en nuestras palabras, nuestro estado es peor que la de un necio. Esta es una declaración solemne porque la Biblia no tiene nada bueno que decir del necio.

Hay un ejemplo en la Escritura de un hombre que fue apresurado en sus palabras **una sola vez** y nos dice del precio que le costó. Este hombre fue Moisés. Dios le había dicho que fuese delante de los hijos de Israel, hablase a una roca, y ésta daría agua. Pero él estaba tan enojado con ellos que les dijo: *"¡Escuchen, rebeldes! ¿Acaso tenemos que sacarles agua de esta roca"?* Entonces, en lugar de hablar a la roca, la golpeó (Vea Números 20:7-12). Ese acto de desobediencia, expresado en palabras precipitadas, le costó el privilegio de entrar junto con los hijos de Israel a la Tierra Prometida.

También le irritaron [los hijos de Israel] *en las aguas de Meriba; Y le fue mal a Moisés por causa de ellos, Porque hicieron rebelar a su espíritu, Y habló precipitadamente con sus labios.* (Salmo 106:32-33)

Notemos el diagnóstico. Un espíritu provocado nos hace hablar precipitadamente con nuestros labios, y esas palabras sin pensar nos cuestan muchos privilegios y bendiciones. Si Moisés tuvo que pagar ese precio por esa *única* afirmación precipitada, tengamos cuidado de no decir cosas precipitadamente que nos costarán mucho en el reino espiritual.

¿Su lengua necesita sanidad?

Capítulo 6

La raíz del problema

Dios ha hecho provisión en la Escritura para la sanidad de nuestra lengua. El primer paso para adquirirla es identificar la raíz del problema. El testimonio de la Escritura es claro e inequívoco: **la raíz de todos los problemas que afectan la lengua está en el corazón.**

En el capítulo doce de Mateo, Jesús dice:

Si tienen un buen árbol, su fruto es bueno; si tienen un mal árbol, su fruto es malo. Al árbol se le reconoce por su fruto. Camada de víboras, ¿cómo pueden ustedes que son malos decir algo bueno? De la abundancia del corazón habla la boca. El que es bueno, de la bondad que atesora en el corazón saca el bien, pero el que es malo, de su maldad saca el mal. (Mateo 12:33–35)

El corazón es el árbol y las palabras son el fruto. Las palabras que salen de la boca indican el estado del corazón. Si el corazón es bueno, las palabras serán buenas. Si el corazón es malo, las palabras serán malas. Nuestro corazón es siempre, o bueno o malo. Cualquier cosa que salga de su boca indica el contenido de lo que hay en su corazón.

Si accidentalmente derrama un poco de agua de un cubo en el piso de la cocina y ve que el agua que derramó está sucia y grasosa, no necesita examinar el agua que quedó en el cubo. Sabe que está sucia y grasosa. Lo mismo se aplica a nuestros corazones. Si salen de nuestra boca palabras malas, impuras, incrédulas y corruptas, eso indica que la misma condición predomina en nuestro corazón.

Comparemos el texto de Mateo con Santiago, capítulo tres, donde éste habla sobre las incoherencias de las personas religiosas:

Con la lengua bendecimos a nuestro Señor y Padre, y con ella maldecimos a las personas, creadas a imagen de Dios. De una misma boca salen bendición y maldición. Hermanos míos, esto no debe ser así. ¿Puede acaso brotar de una misma fuente agua dulce y agua salada? Hermanos míos, ¿acaso puede dar aceitunas una higuera o higos una vid? Pues tampoco una fuente de agua salada puede dar agua dulce. (Santiago 3:9–12)

Santiago combina dos imágenes aquí. Una es la de una fuente de agua; la otra es de un árbol. Él dice que una vid nunca dará otro tipo de fruto, como higos. El tipo de árbol indica el tipo del fruto. Santiago está usando la misma imágen que Jesús. El árbol es el corazón y el fruto son las palabras que salen de la boca. Él también usa otra imagen, una fuente de agua. Dice que, si sale agua amarga y salada de una fuente, sabemos que el agua en la fuente es amarga y salada.

Estas dos imágenes son paralelas, pero no idénticas. Los dos árboles representan dos naturalezas. El árbol corrupto es el viejo hombre o la vieja persona. El buen árbol es el nuevo hombre en Jesucristo. El viejo hombre no puede dar buen fruto. Jesús dijo eso claramente muchas veces. De esa vieja naturaleza carnal siempre saldrá fruto que corresponde con esa naturaleza.

La fuente, o la corriente, representa algo espiritual. Una fuente pura es el Espíritu Santo. Una fuente corrupta, amarga, salada e impura es otro espíritu.

Por lo tanto, tenemos dos problemas potenciales indicados por la boca: en primer lugar, la naturaleza vieja y corrupta que no ha sido cambiada sigue produciendo fruto corrupto; y en segundo lugar, algún tipo de espíritu, que no es el Espíritu Santo, produce agua impura y amarga. La esencia de la enseñanza es la misma en ambos casos: lo que está adentro de nosotros, el estado de nuestro corazón determina lo que sale de nuestra boca. Así, el problema de la lengua nos vuelve a llevar inevitablemente al problema del corazón.

Somos enfrentados por la verdad que Salomón habló en Proverbios 4:

Por sobre todas las cosas cuida tu corazón, porque de él mana la vida. (Proverbios 4:23)

La palabra "mana" está en armonía con la imagen que Santiago utilizó de una fuente o corriente que da el tipo de agua que es característica de esa fuente. Otra versión de Proverbios 4:23 dice:

Con toda diligencia guarda tu corazón, porque de él brotan los manantiales de la vida. (Proverbios 4:23, LBLA)

Cualquier cosa que brote en su vida o de su boca se origina en su corazón. Si la fuente es pura, lo que sale de ella será puro. Si la fuente es corrupta, lo que sale de ella será corrupto.

Con esto, podemos comparar las palabras de Hebreos 12:

Mirad bien de que nadie deje de alcanzar la gracia de Dios; de que ninguna raíz de amargura, brotando, cause dificultades y por ella muchos sean contaminados; de que no haya ninguna persona inmoral ni profana como Esaú, que vendió su primogenitura por una comida. (Hebreos 12:15–16, LBLA)

Esaú tenía el derecho a la primogenitura, pero la vendió y la perdió. Nosotros podemos tener una primogenitura o una promesa de Dios, pero si no nos conducimos correctamente, perderemos nuestra primogenitura y nuestra herencia al igual que los diez espías que regresaron con un informe negativo.

La razón por la cual Esaú se comportó así se remonta a una raíz de amargura en su corazón. El estaba amargado contra su hermano Jacob. Esta raíz de amargura en su corazón produjo fruto amargo que corrompió su vida e hizo que perdiera su primogenitura. (Véase Génesis 25:19–34.) Por tanto, la raíz del problema estaba en su corazón.

La Escritura nos advierte que, si hay una raíz de amargura en el corazón de alguno de nosotros, otros pueden ser contaminados por ella. El uso corrupto y negativo de la lengua es infeccioso. Los diez espías regresaron con un informe negativo. Ellos corrompieron a **toda una nación**. Toda la nación quedó infectada de esa enfermedad negativa. Esa es una de las razones por la que Dios la trata tan severamente. Es una enfermedad infecciosa.

Hay otros ejemplos de raíces malas en nuestros corazones que se expresan mediante nuestra lengua y causan problemas que nos roban las bendiciones que Dios desea que tengamos. Podemos tener raíces de resentimiento, incredulidad, impureza u orgullo. Cualquiera que sea la naturaleza de la raíz en nuestro corazón, se manifestará en nuestro modo de hablar. Puede que queramos ser misericordiosos y amables, pero una raíz de resentimiento envenenará nuestras palabras con un tipo de espíritu resentido. Trataremos de decir cosas bonitas, pero no saldrán. Puede que afirmemos ser creyentes, pero una raíz de incredulidad nos hará hacer lo que hicieron los diez espías y añadir nuestro "*pero*" a las promesas de Dios. Lo mismo es cierto de la impureza y del orgullo.

Permítame que le recuerde la historia sobre el doctor en el desierto revisando a sus pacientes de disentería. La primera pregunta era: "Buenos días, ¿cómo está"? Pero a él realmente no le importaba mucho la respuesta a esa pregunta. La segunda petición era: "Muéstrame tu lengua". ¿Cómo respondería usted si Dios le pidiera que le mostrara su lengua?

Capítulo 7

Primeros pasos para la sanidad

Veamos tres pasos sencillos y prácticos de la Escritura para tratar el problema de la lengua.

Paso número 1:

Llame al problema por su verdadero nombre: pecado.

Es importante que seamos sinceros. Mientras utilicemos terminología de moda y psicológica para cubrir, ocultar, excusar o fingir que nuestro problema no está realmente ahí, nada sucederá. Debemos llegar al momento de sinceridad. Yo he visto esto muchas veces en los tratos de Dios, tanto conmigo como con muchas otras personas. Cuando llegamos al momento de la verdad, Dios interviene y nos ayuda. Mientras intentemos excusar, ocultar o representar mal nuestro problema, Dios no hace nada por nosotros. A veces decimos: "Dios, ¿por qué no me ayudas"? Dios responde (puede que no le oigamos, pero Dios responde): "Estoy esperando a que seas sincero; sincero contigo mismo y sincero conmigo".

Este es el primer paso y más importante. Una vez que haya dado este paso, está en el camino hacia los pasos que siguen. Llame a su problema por su nombre correcto: pecado

Las personas religiosas tienen muchas maneras diferentes de excusar o pulir el mal de la lengua. Creen que no importa mucho lo que digan, pero Dios dice que marca toda la diferencia. De hecho, hemos visto que usted marca su destino por lo que dice. Jesús dijo: *"Porque por tus palabras serás justificado, y por tus palabras serás condenado".* (Mateo 12:37 LBLA). Es un asunto serio. No juegue con eso. Llegue al momento de la verdad y diga: "Tengo un problema: es pecado". Cuando haya llegado a ese punto, estará listo para tomar el segundo paso.

Paso número 2:
Confiese su pecado y reciba perdón y limpieza.

El pasaje de Primera de Juan ilustra esto con claridad:

Pero si vivimos en la luz, así como él está en luz, tenemos comunión unos con otros, y la sangre de su Hijo Jesucristo nos limpia de todo pecado. Si afirmamos que no tenemos pecado, nos engañamos a nosotros mismos, y no tenemos la verdad. Si confesamos nuestros pecados, Dios, que es fiel y justo, nos los perdonará y nos limpiará de toda maldad. (1 Juan 1:7–9)

Una vez más, vemos la importancia de ser sinceros. La sangre de Jesús no limpia en la oscuridad. Sólo cuando vamos a la luz podemos recibir la limpieza de la sangre de Jesús. Si estamos caminando en la luz, la sangre de Jesús continuamente nos limpia y nos mantiene puros de todo pecado. Si decimos que no tenemos pecado, lo cual he señalado que es el verdadero problema, nos engañamos a nosotros mismos. La verdad no está en nosotros y no estamos en la luz. Seguimos estando en la oscuridad, donde la provisión de Dios no obra.

Entonces llegamos a la alternativa. Si confesamos nuestros pecados, si vamos a la luz, y reconocemos la verdadera naturaleza y la gravedad de nuestro problema, entonces Dios *"que es fiel y justo, nos los perdonará y limpiará de toda maldad"*. Se utilizan dos palabras, *"fiel"* y *"justo"*. Dios es fiel porque Él ha prometido, y cumplirá su promesa. Dios es justo porque Jesús ya ha pagado el castigo por nuestros pecados; por tanto, Él puede perdonarnos sin comprometer su justicia.

Si confesamos nuestros pecados, la garantía de la Escritura es que Dios, en fidelidad y en justicia nos perdonará nuestros pecados y nos limpiará de toda maldad. Dios no sólo nos perdona, sino aún más importante, también nos limpia. Cuando nuestros corazones son limpiados, porque el corazón es el manantial de vida, no seguimos cometiendo los mismos pecados.

Si cree que sus pecados son perdonados, pero en su experiencia ve que no ha sido limpiado, me gustaría preguntar si realmente ha sido usted perdonado. El mismo

Dios que perdona también limpia. La misma Escritura que promete perdón también promete limpieza. Dios nunca se detiene a mitad de camino. Si cumplimos las condiciones, obtenemos el paquete completo. Si no cumplimos las condiciones, no es que recibamos la mitad, sino que no recibimos nada. Si confesamos nuestros pecados, Dios es fiel y justo para perdonar y limpiarnos de toda maldad. Una vez que nuestros corazones sean limpiados, entonces el problema no estará ahí. Recuerde: la condición del corazón determina lo que sale de nuestra boca. Un corazón limpio no puede producir palabras impuras. Las palabras impuras indican un corazón impuro.

En primer lugar, si vamos a la luz, confesamos, y acudimos a Dios con el problema, entonces Dios es fiel y justo para perdonarnos. El registro del pasado es eliminado y esas cosas que usted desearía no haber dicho nunca son eliminadas. En segundo lugar, Dios limpia su corazón. Entonces, de un corazón limpio y puro, lo que salga de sus labios será limpio y puro. Si su corazón glorifica a Dios entonces sus labios glorificarán a Dios. Dios resuelve el problema de la lengua y de los labios tratando con la condición del corazón.

Paso número 3:
Rechace el pecado; ríndase a Dios.

Hay un polo negativo y otro poitivo que van juntos, como las dos caras de la misma moneda. Debe usted ejercitar su voluntad de ambas maneras. Debe decir "no" al pecado y "si" a Dios. Debe usted **hacer** ambas cosas. No puede decir "no" al pecado sin decir "sí" a Dios, porque estará en un vacío que será llenado una vez más con el mismo problema. No puede escapar del pecado sin rendirse a Dios.

En Romanos 6, Pablo dice:

Por lo tanto, no permitan ustedes que el pecado reine en su cuerpo mortal, ni obedezcan sus malos deseos. No ofrezcan los miembros de su cuerpo al pecado como instrumentos de injusticia; al contrario, ofrézcanse mas bien a Dios como quienes han vuelto de la muerte a la vida, presentando los miembros de su cuerpo como instrumentos de justicia. Así el pecado no tendrá dominio sobre ustedes, porque ya no están bajo la ley sino bajo la gracia. (Romanos 6:12–14)

Cuando el pecado venga a desafiarlo, diga: "No, no me rendiré a ti; no rendiré las partes de mi cuerpo. Sobre todo, no rendiré ese miembro que causa la mayoría de los problemas: mi lengua. Pecado, ya no puedes controlar mi lengua".

Entonces acuda a Dios y diga: "Dios, rindo mi lengua a ti, y te pido que controles el miembro que yo no puedo controlar".

Veamos lo que dice Santiago:

El ser humano sabe domar y, en efecto, ha domado toda clase de fieras, de aves de reptiles y de bestias marinas; pero nadie puede domar la lengua. Es un mal irrefrenable, lleno de veneno mortal. (Santiago 3:7–8)

Debe usted aceptar el hecho de que no puede domar o controlar su propia lengua. Solamente un poder puede controlar su lengua para bien: el poder de Dios mediante el Espíritu Santo. Cuando usted ha sido perdonado y limpiado y entonces es desafiado de nuevo para usar su lengua de modo pecaminoso, debe decir al pecado: "No puedes tener mi lengua; te niego que la tengas". Entonces debe decir al Espíritu Santo: "Espíritu Santo, te rindo mi lengua a ti. Yo no puedo controlar mi lengua. Te pido que tú controles mi lengua por mí".

Repasemos brevemente esos tres pasos. En primer lugar, llame a su problema por su nombre correcto: llámelo pecado. En segundo lugar, confiese su pecado y reciba perdón y limpieza. En tercer lugar, rechace rendirse al pecado; decida rendirse a Dios. Ese es el clímax del proceso de liberación y de sanidad. Es rendirle al Espíritu Santo de Dios ese miembro que usted nunca puede controlar.

Capítulo 8

La razón por la cual
usted tiene lengua

Ya hemos visto que la raíz de cada problema que afecta a nuestra lengua está en nuestro corazón. Obviamente, esto significa que para tratar problemas que afectan a nuestra lengua debemos primero tratar la raíz de los problemas en nuestro corazón.

Consideramos los tres pasos que debemos dar a fin de tratar la raíz de esos problemas en nuestro corazón que se manifiestan mediante nuestra lengua. En primer lugar, llamar a su problema por su nombre correcto, que es pecado. Llegar al momento de la verdad. Dios sólo tratará con usted sobre la base de la verdad. Dios es el Dios de verdad. El Espíritu Santo es el Espíritu de verdad.

En segundo lugar, confesar y recibir perdón y limpieza sobre la base de la promesa en Primera de Juan:

Si confesamos nuestros pecados, Dios, que es fiel y justo, nos lo perdonará y nos limpiará de toda maldad. (1 Juan 1:9)

Dios no solo perdona el pasado, Él limpia el corazón para que el problema sea tratado en la raíz. Entonces hay un cambio en el fruto que sale del corazón.

En tercer lugar, rechazar el pecado, y rendirse a Dios. Decir "no" al pecado y "sí" a Dios. Rechazar el pecado y rendirse al Espíritu Santo. El único poder en el universo que puede controlar su lengua eficazmente para bien es el Espíritu Santo.

Tratemos con mayor amplitud el aspecto positivo de este tercer paso: rendir nuestra lengua a Dios.

Primero, necesitamos entender la razón por la cual el Creador nos dio a cada uno de nosotros una boca con una lengua en ella. Hay una respuesta a esto en la Escritura, pero es uno de esos ejemplos interesantes de verdad en la Biblia que solo pueden encontrarse comparando dos pasajes de la Escritura y poniéndolos lado a lado. Al hacer eso, llega una revelación que no se da únicamente en uno de los dos pasajes.

En este caso, los dos pasajes que tengo en mente están tomados del Antiguo y el Nuevo Testamento. En el Nuevo Testamento, se cita el pasaje del Antiguo Testamento de una manera que le proporciona un significado que no es obvio en el Antiguo Testamento. El pasaje del Antiguo Testamento es el Salmo 16:

Al Señor he puesto continuamente delante de mí; porque está a mi diestra, permaneceré firme. Por tanto, mi corazón se alegra, y mi alma se regocija; también mi carne morará segura. (Salmo 16:8–9, LBLA)

Enfoquémonos por favor en la frase: *"mi alma se regocija"*. El día de Pentecostés, cuando el Espíritu de Dios cayó y la multitud se juntó para conocer la razón, Pedro predicó su famoso sermón. Él se refirió a todo lo que sucedió en la vida, la muerte, y la resurrección de Jesús. Citó varios pasajes del Antiguo Testamento para demostrar que Jesús era ciertamente el Mesías y el Hijo de Dios. Uno de los pasajes que Él citó fue este en el Salmo 16:8–9. La cita se encuentra en Hechos 2:25-26, donde Pedro dice esto:

Porque David dice de Él: VEÍA SIEMPRE AL SEÑOR EN MI PRESENCIA; PUES ESTÁ A MI DIESTRA, PARA QUE YO NO SEA CONMOVIDO. POR LO CUAL MI CORAZÓN SE ALEGRÓ, Y MI LENGUA SE REGOCIJÓ, Y AUN HASTA MI CARNE DESCANSARÁ EN ESPERANZA. (Hechos 2:25–26, LBLA)

Ahora unamos estas dos frases claves: El Salmo 16:9, *"mi alma se regocija"* y Hechos 2:26, citando el mismo pasaje, *" mi lengua se regocijó"* Donde David dice en el Salmo *"mi alma"*; Pedro, inspirado e interpretado por el Espíritu Santo, dice *"mi lengua"*. Esto nos dice algo muy profundo e importante: **nuestra lengua es nuestra alma.** Podría preguntarse por qué. La respuesta es porque el Creador nos dio a cada uno de nosotros una lengua para un propósito supremo: glorificarlo a Él. La única razón para una lengua es que con ella usted y yo podamos glorificar a Dios.

Por eso nuestra lengua se convierte en nuestro corazón. Es el miembro mediante el cual, por encima de todos los demás, podemos glorificar al Creador. Esto conduce a una consecuencia de gran importancia. Cada uso de nuestra lengua que no glorifica a Dios es un mal uso, porque se nos dio la lengua para glorificar a Dios.

Podemos leer la conocida afirmación de Pablo en Romanos:

> *Por cuanto todos pecaron, y están destituidos de la gloria de Dios.* (Romanos 3:23, RVR)

La esencia del pecado no es necesariamente cometer algún delito terrible. La esencia del pecado es estar destituido de la gloria de Dios o no vivir para la gloria de Dios. Las personas pueden argumentar eso y decir: "No es cierto de mí; yo nunca he estado destituido de la gloria de Dios".

Pero le pido que compruebe el uso de su lengua. Recuerde que: la única razón de que tenga una lengua es para glorificar a Dios.

Cada uso de su lengua que no glorifique a Dios es un mal uso. No creo que haya ninguno de nosotros que pudiera sinceramente decir que siempre ha usado su lengua para la gloria de Dios. Por tanto, debemos reconocer la verdad de la afirmación de Pablo que todos hemos pecados y estamos destituidos de la gloria de Dios. Si esto no es cierto en alguna otra área, es cierto en el área de nuestra lengua.

Dos tipos diferentes de fuego se encuentran en la lengua del ser humano. En primer lugar, hay un fuego del infierno que enciende la lengua del hombre natural y no regenerado. Santiago dice:

También la lengua es un fuego, un mundo de maldad. Siendo uno de nuestros órganos, contamina todo el cuerpo, y encendida por el infierno, prende a su vez fuego a todo el curso de la vida. (Santiago 3:6)

Este fuego en la lengua humana proviene del mismo infierno, y su fruto, sus resultados y consecuencias, son infernales. Pero el día de Pentecostés, cuando Dios hizo nacer la comunidad redimida que Él quería usar para su gloria en la tierra, otro tipo de fuego llegó desde otra fuente. El fuego del Espíritu Santo llegó desde el cielo, no desde el infierno. Operó por primera vez en las lenguas de quienes estaban en el Aposento Alto. En otras palabras, el fuego de Dios desde el cielo quitó el fuego del infierno de la lengua natural. El fuego del infierno fue sustituido por un fuego que limpia, purifica y glorifica a Dios. Considere los primeros versículos de Hechos, capitulo 2:

Cuando llegó el día de Pentecostés, estaban todos juntos en el mismo lugar. De repente, vino del cielo un ruido como de una violenta ráfaga de viento y lleno toda la casa donde estaban reunidos. Se les aparecieron entonces unas lenguas como de fuego que se repartieron y se posaron sobre cada uno de ellos.

[Notemos que había una lengua de fuego para sobre cada uno.] *Todos fueron llenos del Espíritu Santo y comenzaron a hablar en diferentes lenguas, según el Espíritu les concedía expresarse.* (Hechos 2:1–4)

Notemos que el Espíritu operó primero en sus lenguas. El fuego de Dios desde el cielo les dio una nueva manera de usar sus lenguas. Entonces la Escritura deja claro que todo lo que ellos dijeron después de eso, mediante el Espíritu Santo, glorificaba a Dios. Estaban usando sus lenguas con el propósito con que Dios les había dado lenguas.

La clave para este problema es rendir nuestra lengua al Espíritu Santo. Pablo lo afirma con claridad en Efesios 5:

Por tanto, no sean insensatos, sino entiendan cuál es la voluntad del Señor. [El versículo siguiente nos dice cuál es la voluntad del Señor.] *No se emborrachen con vino, que lleva al desenfreno. Al contrario, sean llenos del Espíritu.* (Efesios 5:17–18)

Necesitamos unir estas dos cosas. Es pecaminoso emborracharse con vino, pero también es pecaminoso no ser llenos del Espíritu Santo. El mandamiento positivo es tan válido como el negativo. No se emborrache con vino, sino sea lleno del Espíritu Santo. En cierto sentido, son dos tipos distintos de borrachera, si puede aceptar eso, porque el día de Pentecostés, cuando los hombres y mujeres fueron llenos del Espíritu Santo, quienes se burlaban dijeron: "Están borrachos". En cierto sentido, estaban embriagados, pero con un tipo de embriaguez totalmente distinto. No estaban borrachos de vino, sino que fueron llenos del Espíritu Santo. Entonces Pablo continúa:

Anímense [hablarse] *unos a otros con salmos, con himnos y cánticos espirituales, canten y alaben al Señor con el corazón; dando siempre gracias a Dios el Padre por todo en el nombre de nuestro Señor Jesucristo.* (Efesios 5:19–20)

Notemos la palabra *"anímense,* [hablarse]*"* después de la frase *"sean llenos del Espíritu"*. Hay quince lugares en el Nuevo Testamento donde habla de personas que están siendo llenas del Espíritu Santo o que ya están llenas del Espíritu Santo. Y en cada lugar, la manifestación inicial llegó a través de la boca. *"De la abundancia del corazón habla la boca"*.

Cuando es usted lleno del Espíritu Santo, la primera manifestación saldrá de su boca, mediante su lengua. En lugar de murmurar, quejarse, criticar, y manifestar incredulidad, Pablo dice que usted hablará, cantará, hará música, y dará gracias. Todo el uso de su lengua será positivo, no negativo.

La solución a cada problema de pecado en nuestras vidas debe ser una solución positiva. No es suficiente dejar de pecar; necesitamos tener rectitud. No es suficiente con negar nuestra lengua al diablo; debe rendir su lengua al Espíritu Santo. Sea lleno del Espíritu Santo y hable: ese es el remedio.

¿Su lengua necesita sanidad?

Capítulo 9

La importancia de su confesión

Necesitamos ver cómo el uso correcto de la lengua nos une de una manera muy especial a Jesucristo como nuestro Sumo Sacerdote. El sumo sacerdocio de Jesús es un ministerio eterno que sigue continuamente en el cielo. Después de que El hubiera tratado nuestro pecado, muerto, resucitado y ascendido al cielo, entró en un ministerio como nuestro sumo sacerdote para siempre, representándonos en la presencia de Dios. El es nuestro Sumo Sacerdote con la condición de que hagamos la confesión correcta con nuestra lengua.

Lo siguiente es lo que dice el escritor de Hebreos:

Por tanto, hermanos santos, participantes del llamamiento celestial, considerad al apóstol y sumo sacerdote de nuestra profesión [confesión], *Cristo Jesús.* (Hebreos 3:1, RVR)

Notemos la última frase. Jesús es el Sumo Sacerdote de nuestra profesión [confesión]. Lo que confesamos es lo que nos une a Jesús como Sumo Sacerdote. Si solamente creemos, pero no hacemos confesión alguna, entonces su Sumo sacerdocio no puede operar por nosotros. Sobre la base de nuestra confesión hablada, no de nuestra fe no expresada, es como Jesús opera en el cielo como nuestro Sumo Sacerdote.

Es tremendamente importante que hagamos la confesión correcta y la mantengamos. Esta palabra, *confesión,* significa literalmente, "decir la misma cosa que". En este uso, confesión es decir con nuestra boca lo mismo que Dios dice en la Escritura. Es hacer que las palabras de nuestra boca estén de acuerdo con la Palabra de Dios en la Escritura.

Cuando hacemos que las palabras de nuestra boca estén de acuerdo en fe con lo que Dios dice en la Biblia, entonces eso capacita a Jesús para ejercer su ministerio de Sumo Sacerdote como nuestro representante en la presencia de Dios. Si hacemos la confesión incorrecta, frustramos su ministerio. Depende de que hagamos nuestra confesión correcta. Nuestra confesión es la que nos une a Jesús como nuestro Sumo Sacerdote. Se habla de esto dos veces más en Hebreos. La primera referencia está en Hebreos 4:

Por lo tanto, ya que en Jesús, el Hijo de Dios, tenemos un gran sumo sacerdote que ha atravesado los cielos, aferrémonos a la fe que profesamos [a nuestra confesión]. (Hebreos 4:14)

Nuestra confesión es la que sigue uniéndonos a Jesús como nuestro Sumo Sacerdote. Y una vez más, leemos en Hebreos:

Y tenemos además un gran [Sumo] *sacerdote al frente de la familia de Dios, ...mantengamos firme la esperanza que profesamos* [confesión], *porque fiel es el que hizo la promesa.* (Hebreos 10:21, 23)

Cada vez que la Biblia habla sobre Jesús como nuestro Sumo Sacerdote, dice que debemos hacer, mantener y aferrarnos a la confesión de nuestra fe y nuestra esperanza. Nuestra confesión es la que nos une a Jesús como nuestro Sumo Sacerdote. Si no mantenemos esa confesión, frustramos su ministerio a favor nuestro. La confesión correcta en realidad es esencial para la salvación.

Mas ¿qué dice? Cerca de ti está la palabra, en tu boca y en tu corazón. Esta es la palabra de fe que predicamos: que si confesares con tu boca que Jesús es el Señor, y creyeres en tu corazón que Dios lo levantó de los muertos, serás salvo. Porque con el corazón se cree para justicia, pero con la boca se confiesa para salvación. (Romanos 10:8–10, RVR)

Una vez más, como hemos visto, hay un vínculo directo entre el corazón y la boca. Jesús dijo: *"que de la abundancia del corazón habla la boca".* La salvación depende de dos cosas: ejercitar fe en nuestro corazón y hacer la confesión correcta con nuestra boca.

En la Biblia *"salvación"* es la gran palabra que engloba todas las bendiciones y provisiones de Dios que han sido obtenidas para nosotros mediante la muerte de Jesucristo. Incluye bendiciones espirituales, físicas, financieras, temporales y eternas. Todas esas bendiciones compradas por la muerte de Jesús se resumen en la palabra *"salvación"*.

A fin de entrar en la plenitud de la salvación de Dios en cada área de nuestra vida, tenemos que hacer la confesión correcta. En cada área, cualquiera que sea, debemos decir con nuestra boca lo mismo que Dios dice en su Palabra. Cuando nuestra confesión está en armonía con la Palabra de Dios, estamos avanzando hacia la plena provisión de Dios en la salvación y tenemos el ministerio de Jesús como nuestro Sumo Sacerdote operando a favor nuestro en el cielo. Con Él al lado nuestro sobre la base de nuestra confesión, no hay nada que pueda obstaculizarnos o evitar que avancemos hacia la plenitud de nuestra salvación. Nuestra confesión nos une a Jesús como nuestro Sumo Sacerdote. Por eso, lo que decimos con nuestra boca determina nuestra experiencia.

Regresemos brevemente a la ilustración de la lengua como el timón de la vida humana.

Fíjense también en los barcos. A pesar de ser tan grande y de ser impulsados por fuertes vientos. Se gobiernan por un pequeño timón a voluntad del piloto. Así también la lengua es un miembro muy pequeño del cuerpo... (Santiago 3:4–5)

Lo que el timón es para el barco, la lengua es para el cuerpo o para la vida. El uso correcto del timón dirige al barco adecuadamente. El uso incorrecto hace naufragar el barco. Lo mismo es cierto con la lengua. El uso correcto de la lengua produce éxito y salvación en su plenitud. El uso incorrecto produce naufragio y fracaso.

El barco se dirige con un timón muy pequeño dondequiera que el piloto quiera ir. Un gran trasatlántico puede tener un capitán con muchos años de experiencia, pero cuando llega a un puerto, no se le permite que él mismo atraque ese barco. Es casi una regla invariable que el capitán debe llevar un piloto abordo, y permitir que asuma la responsabilidad del uso del timón y de atracar el barco al muelle.

Usted y yo podemos sentir que somos capaces de manejar nuestras vidas, pero hay situaciones que no podemos manejar. Debemos llevar un piloto abordo y permitir que él asuma la responsabilidad. ¿Puede suponer quién es el piloto? ¡Por supuesto! El piloto es el Espíritu Santo. Sólo el Espíritu Santo puede capacitarnos para usar siempre nuestra lengua correctamente y hacer la confesión correcta.

El Espíritu Santo es el Espíritu de verdad y el Espíritu de fe. Cuando Él motiva y controla nuestras palabras y nuestra conversación, estos se vuelven positivas. Nuestra conversación entonces honra a Dios y hace que las bendiciones de Dios lleguen a nuestra vida. Cada uno de nosotros necesita que el Espíritu Santo pilotee su vida controlando la lengua. El es la solución definitiva al problema de la lengua humana.

Dios nos permite que lleguemos a un lugar de fracaso. Él dice: "Ninguno de ustedes puede controlar su propia lengua. Pero yo tengo un Piloto". ¿Invitarán a ese Piloto abordo? Lo único que usted necesita es simplemente responder con una oración como la siguiente:

Dios Padre,

Reconozco ante ti que soy culpable de haber pecado con mi lengua. Por favor perdóname y límpiame. Ven a mi vida y toma control de mi lengua. Al rendirme a ti, te pido que me des una lengua que te glorifique.

Amén.

¿Su lengua necesita sanidad?

Antecedentes del autor

Derek Prince (1915–2003) nació en la India de padres británicos. Se educó como erudito en griego y latín en el Eton College y en la Universidad de Cambridge en Inglaterra, y fue profesor residente de filosofía antigua y moderna en King's College. También estudió varias lenguas modernas, hebreo y arameo, en la Universidad de Cambridge y en la Universidad Hebrea en Jerusalén.

Mientras servía al ejército británico en la Segunda Guerra Mundial, comenzó a estudiar la Biblia y experimentó un encuentro con Jesucristo que cambió su vida. A partir de ese encuentro, llegó a dos conclusiones: primero, que Jesucristo vive; y segundo, que la Biblia es un libro veraz, pertinente y actual. Estas conclusiones alteraron por completo el curso de su vida, la cual dedicó desde entonces al estudio y enseñanza de la Biblia.

El don principal de Derek de explicar la Biblia y su enseñanza de manera clara y sencilla ha contribuido a edificar un fundamento de fe en millones de personas.

Su enfoque no denominacional y libre de sectarismos ha permitido que su enseñanza sea igualmente relevante y útil para personas de todos los trasfondos raciales y religiosos.

Es autor de más de 100 libros, 600 enseñanzas en audio y 110 vídeos, muchos de los cuales han sido traducidos y publicados en más de 100 idiomas. Su programa radial de emisión diaria, "Llaves para vivir con exito," se traduce al árabe, chino (amoy, cantonés, mandarín, shangainés, swatow), croata, alemán, malgache, mongol, ruso, samoano, español y tongano. El programa de radio sigue tocando vidas alrededor del mundo.

Los Ministerios Derek Prince continúan en su labor de hacer llegar a los creyentes en más de 140 países las enseñanzas de Derek, cumpliendo así el mandato de perseverar "hasta que Jesús vuelva". Esta labor se lleva a cabo a través de los programas de alcance en más de 45 oficinas de Derek Prince alrededor del mundo, entre ellas la obra principal en Australia, Canadá, China, Francia, Alemania, los Países Bajos, Noruega, Rusia, Sudáfrica, Suiza, el Reino Unido, y los Estados Unidos. Si deseas obtener información actualizada acerca de estas y otras oficinas internacionales, visita: www. ministeriosderekprince.org.

MINISTERIOS DEREK PRINCE
OFICINAS INTERNACIONALES

Alemania	Kazajistán
Armenia	Macedonia
Australia	Malasia
Bosnia	Myanmar
Bulgaria	Nepal
Canadá	Nueva Zelandia
China	Noruega
Croacia	Países Bajos
Egipto	Paquistán
Eslovaquia	Papúa Nueva Guinea
Eslovenia	Polonia
Estados Unidos	Reino Unido
Estonia	República Checa
Etiopía	Rumania
Fiji	Rusia
Francia	Serbia
Hungría	Singapur
India	Sudáfrica
Indonesia	Suecia
Islas Salomón	Suiza
Israel	Ucrania
Japón	Vanuatu

DPM ESPAÑOL

Contáctenos

facebook.com/ministeriosderekprince

youtube.com/DerekPrinceMinistry

twitter.com/DPM_Esp

instagram.com/ministerios_derek_prince

DPM ESP

Descargue la app

WWW.MINISTERIOSDEREKPRINCE.ORG

www.ingramcontent.com/pod-product-compliance
Lightning Source LLC
Chambersburg PA
CBHW060653030426
42337CB00017B/2588